AF278577

CE QUE COUTE UN MONARQUE

Par Albert OSMONVILLE

50 C.

50 C.

Chez tous les Libraires

CE QUE COUTE

UN MONARQUE

PAR

Albert OSMONVILLE

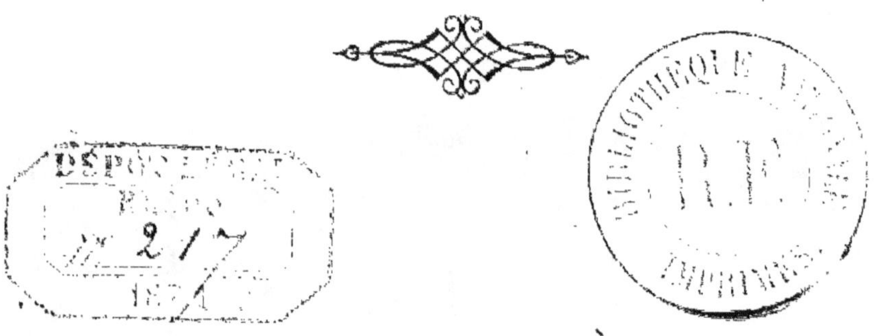

LYON
IMPRIMERIE JEVAIN ET BOURGEON
RUE MERCIÈRE, 94

1871

AVANT-PROPOS

Aujourd'hui qu'il est plus fortement question que jamais
d'une restauration monarchique quelconque et que, malgré
les déclarations énergiques de M. le chef du pouvoir exécu-
tif affirmant du haut de la tribune de l'Assemblée nationale
que tant qu'il serait au pouvoir il ne laisserait personne at-
taquer la République, tous les vieux partis s'agitent cepen-
dant de nouveau et se concertent dans l'ombre, attendant
le moment propice pour nous ravir encore une fois notre
liberté, nous pensons qu'il n'est pas sans intérêt de faire
connaître le bilan du gouvernement impérial; et si nous
prenons pour exemple l'Empire, c'est simplement parce que
le souvenir de ses crimes est encore vivant parmi nous.
Mais qu'on n'aille point se figurer, comme on est déjà trop
porté à le faire en France, qu'il est des dynasties plus libé-
rales qui peuvent donner au pays le bien-être et la prospérité qu'il réclame. Les monarchies, en effet, n'ont jamais
produit que la ruine ou la banqueroute : qu'elles s'appellent
constitutionnelles ou absolues, qu'elles soient représentées
par un Napoléon, par un Bourbon, ou par un d'Orléans,

elles ont toujours amené, à peu de chose près les mêmes résultats.

Elles peuvent, il est vrai, pendant un temps donné jouir d'un certain éclat, d'une certaine splendeur, mais quand elles arrivent au jour fatal où, bon gré mal gré, il faut liquider la situation, combien alors toute cette grandeur apparaît factice ! et quand il s'agit de dresser le bilan d'une longue administration on trouve au bout 1789, 1830, 1848 et 1870.

Ainsi sous prétexte d'ordre et de bien être général, ce sont les monarchies qui entretiennent la société dans cet état de révolution continuelle qui fait qu'un pays livré constamment aux haines, aux passions, et aux réactions politiques ne peut jamais vivre tranquillement du fruit de son travail.

Qu'ont amené en effet les longs règnes de Louis XIV et de Louis XV ; qu'à produit la dictature militaire de Napoléon Ier ; quel a été le résultat de la restauration des Bourbons ; quelles sont les réformes que nous a données la royauté des d'Orléans : nous le demandons à tous ceux qui connaissent l'histoire.

S'il est quelqu'un qui puisse nous prouver qu'à une quelconque de ces époques la France ait été jamais grande et heureuse, nous renonçons alors de plein gré à la forme républicaine ; mais comme jusqu'à présent le passé est là pour attester que tous ces gouvernements n'ont, au contraire, produit que la ruine, la guerre civile ou l'invasion étrangère ; nous gardons notre opinion qui est qu'un État quel qu'il soit, ne pourra jamais prospérer qu'avec la forme républicaine.

S'il reprenait donc jamais envie au peuple Français de se

donner un maître, qu'il se souvienne avant de courir ainsi volontairement à sa perte, de ce que lui ont légué vingt années d'Empire et que toutes les souffrances qu'il vient d'endurer par sa propre faute lui servent au moins de leçon pour l'avenir.

Aujourd'hui qu'il se trouve appelé de nouveau à manifester son opinion par les élections du 2 juillet, il lui faut affirmer hautement ses sympathies, ce qu'il veut et ce qu'il pense, car cette fois il a à opter définitivement entre la République et la Monarchie ; et c'est non-seulement l'avenir du pays qu'il tient entre ses mains, mais c'est même, pour ainsi dire, la cause de la civilisation.

Or, nous deviendrions pour les nations étrangères un véritable objet de mépris et de risée si, de notre propre volonté, nous nous jetions encors, tête baissée, dans les bras de la Monarchie.

Quel est l'homme sensé, en effet, qui, de son plein gré, se précipiterait dans un gouffre en sachant à quels dangers il expose sa personne ; et quel est celui qui irait, pour ainsi dire, chercher la mort lorsqu'il peut encore aspirer la vie à pleins poumons.

La France se trouve actuellement dans une situation semblable car elle a à choisir entre la vie et la mort ; et pour échapper à cette chute, pour se sauver d'une décadence complète, il faut qu'elle s'attache à ce dernier abri qui est la République.

A. Osmonville.

Lyon, 26 Juin 1871.

CE QUE COUTE

UN MONARQUE

On a beaucoup écrit sur l'Empire ; on n'en dira jamais assez sur les dilapidations de ces vingt dernières années de notre histoire. Des écrivains ont tracé tout au long les crimes et les débauches de cette famille Bonaparte qui, pour le bonheur de la France, n'aurait jamais dû quitter la Corse ; d'autres, victimes de la tyrannie la plus odieuse qui ait jamais existé, peuvent attester, par leurs souffrances, du bonheur dont notre pays a joui pendant cette période de honte ; mais toutes ces souillures dont nous portons encore la marque n'ont point suffisamment éclairé le peuple des campagnes qui moins touché que nous des malheurs de la patrie lorsqu'ils ne le frappent point directement, ne voit pas pour ainsi dire plus loin que son champ.

A cela, du reste, rien de bien étonnant, car pour les paysans la patrie c'est l'argent, le devoir c'est l'argent, c'est l'égoïsme en un mot dans toute la force du terme, c'est le *chacun chez soi* et le *chacun pour soi*, effroyable maxime qu'ils osent professer aujourd'hui encore.

S'ils n'aiment pas la République, c'est parce que sous la République, disent-ils, on ne manie pas autant de gros sous qu'on a manié de pièces de vingt francs sous l'Empire; et s'ils préfèrent le pouvoir absolu d'un seul, c'est parce que les lois qu'il fait sont toutes à leur avantage et non pour le bien public.

Mais, braves paysans, lorsqu'on vous présente deux objets à choisir comment agissez-vous? Vous commencez par examiner leur qualité et leur prix, puis vous faites votre choix. Eh bien, faites de même pour la chose dont il s'agit ici, et puisqu'il est reconnu que comme qualité la Monarchie ne saurait se comparer à la République, examinez maintenant ce que vous ont coûté les souverains, et vous saurez sûrement ce qui est préférable.

Voyez ce que vous ont coûté les gros traitements de l'Empire, et peut-être en lisant ces quelques lignes comprendrez-vous la différence qui existe entre un gouvernement basé sur des principes d'ordre et d'économie tel que l'entend la République, et une de ces Monarchies qui ne savent que vous soutirer le plus clair de votre revenu.

Quand on examine de près les dilapidations du gouvernement impérial, on ne peut s'empêcher de le comparer aux administrations de toutes les sociétés véreuses qui depuis bientôt cinquante ans se livrent à l'agiotage le plus effréné : aussi c'est sous ce nouveau jour que nous allons présenter les opérations et la situation de la société qui sous le nom d'*Empire* a exploité le public de toutes les façons et organisé le vol en grand.

SOCIÉTÉ BONAPARTE PÈRE ET FILS.

BUT. — DURÉE.

Fondée le 2 décembre 1851 par acte passé devant le peuple Français, et enregistré dans la honte et l'assassinat, cette société qui avait pour but l'exploitation, le vol et le pillage de la vaste contrée située entre les Alpes, les Pyrénées, la Méditerranée et l'Océan, connue sous le nom de *France*, a pendant un exercice de dix-huit années, résolu en maître ès-filouterie le problème de mettre totalement à sec la caisse de ses actionnaires tout en remplissant la sienne ; et, sans que ces derniers se soient permis la moindre observation sur les comptes, et aient même jamais demandé à prendre connaissance de l'inventaire à la fin de chaque exercice.

Le liquidateur de la société *Bonaparte père et fils* qui est le gouvernement de la République croit devoir faire connaître le bilan de cette maison arrêté au 4 septembre 1870 jour où n'ayant pu remplir ses engagements à la suite d'événements peu favorables, elle a été déclarée à l'unanimité en état de faillite, par exploit du peuple français.

Toutefois, avant d'en examiner la situation financière, le point capital est de faire connaître les statuts qui la régissaient.

En voici la teneur :

STATUTS.

Entre les soussignés :

1º Louis Verrhuel-Bonaparte actuellement à Paris, domicilié au palais de l'Elysée, et

2º le peuple Français ;

Il a été arrêté et convenu ce qui suit :

« *Art.* 1er — Il est formé dès ce jour, pour une durée illimitée, une société en commandite avec un capital illimité et à responsabilité limitée, sous le nom de *Bonaparte père et fils*.

« *Art.* 2. — Le soin de gérer les affaires de ladite société est confié à M. Bonaparte père, administrateur-gouverneur.

« *Art.* 3. — Les actionnaires, soit le peuple français, réservent à M. Bonaparte la gérance exclusive de la société, qui à sa mort passera entre les mains de son fils et ainsi de suite de mâle en mâle par ordre de primogéniture, en ayant soin d'ajouter chaque fois un numéro d'ordre après le nom du gérant.

« *Art. 4.* — Les actionnaires font abandon à M. Bonaparte de leur fortune, de leurs libertés personnelles, et même de leur vie, c'est-à-dire qu'ils abdiquent complètement entre les mains de leur administrateur.

« *Art. 5.* — En par compte, et pour récompenser les actionnaires de leurs nombreux apports, M. Bonaparte s'engage à leur procurer une ère perpétuelle de bonheur, de richesses et de prospérité. Il est même convenu que la base de cette nouvelle société sera la paix.

« *Art. 6.* — Afin de l'éclairer des lumières nécessaires pour la direction d'une si vaste société, il est adjoint à M. Bonaparte un *conseil d'administration* et un *conseil de consultation* dont les membres sont choisis de préférence et exclusivement parmi les *actionnaires à poigne*, et dont les conseils devront se résumer dans l'approbation la plus exacte de toutes les volontés de l'administrateur.

« *Art. 7.* — Pour défendre les intérêts des actionnaires, il est créé une *assemblée de mandataires* chargée chaque année pendant un temps fixé d'examiner et de discuter la situation de la société sous la condition expresse toutefois d'approuver tous les actes de l'administration, et de ne se permettre aucune observation sur quoi que ce soit.

« *Art. 8.* — Un autre conseil composé de vieillards infirmes et de crânes chauves, et dont chaque membre doit avoir, pour son usage personnel, une botte de foin dans les siennes, est chargé de conserver le pacte fondamental de la société, qui est l'*ordre*.

« *Art. 9.* — Pour exécuter les divers travaux d'administration, il est créé un personnel considérable d'employés supérieurs et subalternes.

« *Art. 10.* — Afin de rehausser l'éclat dont doit être entouré tout administrateur, il est adjoint à M. Bonaparte père une nombreuse valetaille recrutée parmi les actionnaires les plus nobles (lisez la fine fleur du *crétinisme*), et qui est spécialement chargée d'ouvrir la porte aux assistants, de pourvoir à la nourriture et au chauffage de l'administrateur, de décrotter ses bottes, de faire son lit et de vider ses ordures.

« *Art. 11.* — Tous les actionnaires sont sur le pied de la plus parfaite égalité. Liberté entière leur est accordée à la condition expresse toutefois qu'ils ne fourrent pas leur nez dans les actes de l'administration.

« *Art. 12.* — Il est alloué à l'administrateur un appointement fixe de 30 millions en dehors des divers frais dont il lui est tenu compte: les autres membres et employés reçoivent suivant leurs fonctions et leurs aptitudes un traitement dont le chiffre se trouve fixé plus loin au budget de la société.

« *Art. 13.* — Dès que les opérations de la société le permettront, il sera alloué à chaque actionnaire un intérêt de tant pour cent, proportionnel aux bénéfices. Il est bien entendu, toutefois, que pour avoir droit à cet intérêt, il faudra s'être livré à toutes sortes de platitudes et avoir courbé l'échine le plus bas possible.

« *Art.* 14.— Si la société faisait des pertes, ou s'il devenait nécessaire de recourir à un emprunt pour la conclusion de quelque affaire importante, l'on viderait simplement les poches des actionnaires sans autre forme de procès ; et ce, jusqu'à extinction totale de numéraire.

— Pour accomplir cette œuvre délicate, tous les actionnaires seront considérés comme propres au service.

« *Art.* 15. — En cas de malentendu, dissolution ou liquidation de la société, il sera établi un conseil d'administration présidé par la femme et le fils de l'ex-administrateur.

« *Art.* 16. — Toute offense envers la société, le gouverneur ou un quelconque des administrateurs, pourra être sévèrement punie d'après les termes de l'article 4, par lequel les actionnaires font abandon à l'administrateur de leur propre vie.

L'administrateur se réserve toutefois le droit de grâce.

Art. 17. Tout actionnaire qui se permettra de dire la vérité ou d'appeler l'administrateur par son nom sera puni de 10 ans de travaux forcés selon les lois existant dans toute société civilisée.

— Tout actionnaire qui réclamera du pain recevra en échange du plomb jusqu'à ce que mort s'en suive : si cela ne suffit pas on doublera la dose.

Tout actionnaire qui refusera de satisfaire les désirs de l'administrateur sera puni de mort ou recevra de l'extrait de fusillade.

A ces conventions qui sont suffisamment claires et explicites pour que personne ne puisse douter un seul instant des bonnes intentions qui ont présidé à la création de la société *Bonaparte père et fils*, il convient d'ajouter maintenant les dispositions mentionnées sous le titre suivant :

CODE DE MORALITÉ

A L'USAGE DES ACTIONNAIRES QUI DÉSIRENT SE LIVRER AU MÉTIER DE VOLEURS DE GRANDE MAISON.

Art. 1er Tout actionnaire qui accaparera le bien d'autrui dans des proportions par trop minimes sera reconnu coupable et condamné selon la rigueur des lois.

Art. 2. Tout actionnaire qui sera assez bête pour voler un pain chez le boulanger sera immédiatement arrêté, incarcéré et condamné.

Art. 3. Tout actionnaire qui sera assez intelligent pour puiser à pleines mains dans les coffres de la société recevra immédiatement en récompense la croix de bonne conduite dite de la *Légion d'honneur.*

Art. 4. Tout actionnaire qui tuera son prochain sans motif sera condamné à la peine de mort.

Art. 5. Tout actionnaire qui se débarrassera intelligemment d'un des siens pour une raison ou pour une autre sera reconnu pour un parfait honnête homme.

Telles sont les clauses fondamentales du pacte passé entre M. Bonaparte et le peuple français un jour où, afin d'être certain qu'aucun membre de la Société ne pût s'opposer à la conclusion de ce traité signé dans le sang des honnêtes gens, on avait eu soin de faire entendre raison aux incrédules.

Telles sont aussi les bases de cette morale élastique qui, pendant vingt ans, devait être la loi du peuple français, et qui produisit cette sorte de somnolence, cette sorte de tranquillité factice que dans les Sociétés bien organisées on est convenu de décorer d'un nom pompeux : *l'ordre.*

Le maintien de l'ordre ! Que de crimes ne se sont pas commis sous ce prétexte, et ceux qui connaissent quelque peu l'histoire, savent ce que l'ordre a produit en tout temps. Pour nous, sous l'ancien régime de la royauté, ce furent les lettres de cachet et la Bastille ; pour les protestants, ce furent la Saint-Barthélemy et les dragonnades ; pour l'Italie, ce furent les plombs de Venise ou la forteresse du Spielberg ; pour le paysan russe, c'est le knout ; mais, jetons un voile sur toutes ces horreurs et sur toutes ces infamies, et examinons maintenant comment la Société Bonaparte qui nous promit, pour ainsi dire, le retour de l'âge d'or, entendit l'ordre dans l'administration intérieure des affaires.

Voici un aperçu aussi exact que possible de la façon dont elle a géré nos revenus.

BILAN DE LA SOCIÉTÉ.

FRAIS GÉNÉRAUX.

Au premier rang de ce chapitre, figurent les appointements de trente millions accordés, comme on sait, au gérant, ce qui, pour dix-huit années, donne un total de fr. 540,000,000.

Les divers membres de la famille du gérant se trouvant sans moyens d'existence, dans une position des plus précaires, la maison Bonaparte père et fils, a cru devoir leur allouer une petite pension qui puisse leur permettre de vivre honnêtement et modestement, afin qu'ils ne se livrent point à quelque métier ou profession peu avouable, ce à quoi ils ne sont déjà que trop portés. Il leur est donc attribué une somme de deux millions par an, ce qui, pour dix-huit ans, fait . . . . fr. 36,000,000.

Ces sommes ne constituent absolument que les appointements fixes du gérant et de sa famille ; en outre de tout cela, il faut tenir compte de l'argent de poche et des dépenses imprévues ; et, par ces mots, l'on entend les récompenses accordées aux actionnaires qui se conduisent sagement, les petits cadeaux pour services exceptionnels, les voyages d'agrément de Monsieur, Madame et Bébé, les menus petits plaisirs (promenades sentimentales et champêtres, gâteaux, confiseries, petits cadeaux à Mlle X. , etc.) ; les pensions (1), les frais de toilettes, les constitutions de

---

(1) On ne saurait croire quels chiffres atteignaient chaque année les pensions créées en vertu de la loi du 17 avril 1836 pour les veuves des hauts fonctionnaires et des soutiens les plus fidèles de la politique impériale. Voici une liste qui, si elle eût été connue du peuple à l'époque du plébiscite, eût sans doute contribué à diminuer passablement le chiffre des Oui :

Mmes Joly, veuve Ducos	12,000 fr.
— Pascalis, veuve Fortoul	12,000 »
— veuve du vicomte de Martignac	6,000 »
A reporter .	30,000 »

dots (1), les œuvres soi-disant charitables, les placements d'argent; enfin, les indemnités pour étouffer certaines petites affaires désagréables, et on n'ignore pas que les modestes appointements du gérant ne sauraient lui permettre de suffire à tous ces frais, qui constituent chaque année une dépense d'à peu près vingt millions, soit pour dix-huit années. . . . . fr. 360,000,000

Report .	30,000 »
Mmes veuve du général Aupick.	6,000 »
— — id. Grenier	6,000 »
— — id. Bonet	6,000 »
— — id. Petit.	6,000 »
— — id. Espinasse	12,000 »
— — id. de Bar.	8,000 »
— — id. d'Hautpoul	10,000 »
— — id. Gueswiller	5,000 »
— — du vice-amiral Vaillant.	6,000 »
— — de l'amiral Perceval-Deschênes.	12,000 »
— — id. Hamelin	12,000 »
— — id. Romain Desfossés.	12,000 »
— — du duc Decazes	6,000 »
— — Bineau	12,000 »
— — Barthe	10 000 »
— — du maréchal Pélissier..	20,000 »
— — Rossi.	6,000 »
— — de l'amiral Charner	12,000 »
— — Troplong	20,000 »
— — Ollier, fille du maréchal Magnan.	5,000 »
— — du comte Walewski	20,000 »
Les enfants Bonet.	8,000 »
La fille de M. Lacrosse.	6,000 »
Le fils Thouvenel	10,000 »
La fille de M. Thorigny	3,000 »
Le comte de Lacépède	6,000 »
Soit au total	270,000 fr.

Ce qui représente l'intérêt de près de six millions de francs. Nous ne parlons point, bien entendu, des pensions accordées aux députés et aux journalistes, car personne n'ignore aujourd'hui les sommes que touchaient chaque année des personnages tels que MM. Jérôme David, de Cassagnac, de Nieuwerkerke, le baron Sibuet, et tant d'autres.

(1) Pour n'en citer qu'un seul exemple, la princesse Murat, lors de son mariage, reçut en dot la somme de deux millions, dont plus des trois-quarts furent payés sur le budget.

Passons maintenant aux appointements des divers administrateurs et employés, nous avons :

1° Neuf employés supérieurs à cent mille francs chacun, soit, pour dix-huit ans . . . . fr. 16,200,000;

2° Cent cinquante vieillards, appelés *têtes de bois*(1), à trente mille francs par crâne, auxquels il faut ajouter les appointements du président fixés à cent mille francs par an, ce qui donne un total de . . . . . . fr. 82,800,000;

3° Deux cent quatre-vingt douze personnages chargés de représenter les actionnaires (2), touchant chacun douze mille francs par an, soit pour dix-huit ans. fr. 63,468,000;

4° Un Conseil d'administration (3) payé un million par an, soit . . . . fr. 18,000,000;

5° Un Conseil de consultation (4) aux mêmes appointements . . . . fr. 18,000,000;

6° Appointements des représentants de la maison Bonaparte père et fils à l'étranger, fixés à quatre millions cinq cent mille francs par an, soit. . . fr. 81,000,000;

7° Dotation de la Légion d'honneur, marque de distinction pour reconnaître les fidèles ; dix-sept milions par an, soit . . . . fr. 306,000,000;

8° Valets de chambre, valets de pied, domestiques de toutes sortes (grand maréchal du palais, grand écuyer des haras, grand veneur, chambellans, etc.) environ 18,000,000.

A ces chiffres, il faut ajouter les frais d'entretien d'un certain nombre d'individus chargés, entre autres attributions, d'arrêter les honnêtes actionnaires, de provoquer le désordre dans les assemblées et dans les rues, et enfin d'organiser des complots dans le but de faire naître une sainte indignation chez les actionnaires, obéissant par bêtise ou par intérêt, en leur faisant accroire que ceux qui n'approu-

---

(1) Les sénateurs.
(2) Les députés.
(3) Le conseil privé.
(4) Le conseil d'État.

vent pas en entier la gestion de l'administrateur conspirent contre leur bonheur et contre leur propre fortune ; cela nous donne une somme de . . . . . fr. 3,600,000,000

N'oublions pas non plus les frais de bureau, consistant en papier, encre, plumes et boni allant dans la poche des employés, soit soixante millions par an, ci 1,180,000,000 ;

Les frais de justice employés à défendre les actionnaires habiles à manier le grattoir et à faire condamner ceux qui sont assez simples pour s'opposer aux escamotages de l'administration, soit en dix-huit ans, ci. . 1,800,000,000.

Ajoutons encore à tout cela :

Les travaux publics, les chemins, les canaux et autres entreprises pour récompenser les actionnaires qui se sont montrés bien sages et qui ont fidèlement voté pour l'administrateur, ci . . . . 2,200,000,000 ;

L'entretien d'une foule nombreuse d'actionnaires destinée à soutenir sur terre et sur mer la maison Bonaparte père et fils, un milliard par an, soit. . 18,000,000,000 ;

Enfin, les dépenses relatives à la soi-disant instruction des actionnaires, mais dont le but réel est de les abrutir et de leur faire voter OUI, vingt millions par an, soit 360,000,000.

Nous arrivons ainsi facilement à un chiffre total assez respectable.

Remarquons que la plupart des sommes portées en compte aux frais généraux constituent une pure perte pour la maison, et que beaucoup d'autres dépenses, n'ont pas produit tous les résultats qu'on aurait pu en attendre vu l'importance de leur chiffre. Aussi le liquidateur a eu beau se livrer aux recherches les plus minutieuses, il n'a pas pu trouver quels étaient par exemple les services si importants rendus à la Maison par les personnes pensionnées, pour pouvoir justifier des sommes énormes qu'elles touchaient. Du reste, l'administrateur a dépensé l'argent avec une profusion telle que forcément, un jour ou l'autre, la Société devait se trouver arrêtée.

Il est un autre point dont l'importance est capitale, et dont les actionnaires, s'ils avaient eu quelque peu de sagacité, auraient dû s'apercevoir de suite, c'est qu'une partie des sommes portées en frais généraux à tel ou tel chapitre étaient détournées et employées à tous autres usages qu'à ceux auxquels elles se trouvaient primitivement destinées.

Ces observations étant faites, nous allons maintenant examiner le compte des *fonds secrets*, qui a absorbé, chaque année, la bagatelle de cinquante millions, soit, pour dix-huit ans, la somme ronde de fr. . . . 900,000,000.

FONDS SECRETS.

Il serait assez difficile de dire à quoi ont été employées ces sommes mentionnées sous la rubrique *fonds secrets*; car, tout étant largement compté au chapitre des frais généraux, l'on ne peut admettre que les faux frais aient exigé chaque année un numéraire aussi important. Il est vrai qu'il faut bien tenir compte des nombreuses maîtresses qui se partageaient le cœur de l'administrateur, des courtages que touchait sur la marchandise l'actionnaire Fleury, le grand pourvoyeur de cette espèce de gibier, et enfin, que sais-je, car il faut bien laisser une place aussi pour les petits caprices de ces messieurs et de ces dames, et de plus, quand on a des valets de chambre à qui il faut donner soixante mille francs de bonne main par an, l'on s'explique, jusqu'à un certain point, les cinquante millions qui passaient aux fonds secrets et dont l'emploi était encore plus mystérieux. Bref, c'est une somme dont les actionnaires peuvent bien faire leur deuil; c'est pourquoi tirons une barre au-dessous, et passons aux :

COMPTES DIVERS.

Sous cette rubrique, il faut ranger le compte de profits et

pertes et les intérêts de la dette publique, ce qui, sur un capital de dix millions par an, donne une somme totale de neuf milliards. Sur ce compte, nous voyons encore figurer des frais divers de telle sorte, qu'il s'en trouve mentionné à trois chapitres différents, et des omissions ou erreurs de caisse, ce qui, il faut être juste, arrivait assez souvent dans la maison Bonaparte, surtout lorsque les erreurs passaient, par mégarde bien entendu, dans la poche des caissiers, le tout pour une somme de. . . . . 3,000,000,000.

En additionnant ensemble tous ces comptes, y compris les frais généraux, on obtient un total général de fr. . . . . 41,689,468,000.

Pour couvrir ces frais fabuleux, il n'a fallu rien moins, à la maison Bonaparte, que la possession des revenus annuels de la France qu'elle a encaissés, du reste, pendant dix-huit ans, avec la plus stricte régularité, il faut bien, au moins, lui rendre justice sur ce point ; car si la maison s'est empressée de toucher, chaque année, la somme qui lui était due, il faut convenir, d'autre part, qu'elle a assez mal tenu ses engagements. On n'a pas oublié, sans doute que, d'après les termes des Statuts, elle était obligée de fournir, chaque année, aux actionnaires, paix, bonheur et prospérité. Or, comme les registres de la Société sont là pour attester qu'elle a toujours omis, par mégarde sans doute, de remplir cette condition expresse du traité, elle aurait ainsi commis, dès les premières années de sa gestion, un acte d'escroquerie ou d'abus de confiance, ce dont les actionnaires auraient pu lui demander compte ; mais la confiance qu'ils avaient en leur administrateur était si grande, qu'ils ne savaient que lui voter des remercîments, et quand quelques-uns d'entre eux, qui ne pensaient point ainsi, trouvaient que ledit personnage avait des allures par trop à la Robert-Macaire, on les mettait tout simplement à l'ombre, ou on les envoyait cultiver du poivre.

OPÉRATIONS DE LA SOCIÉTÉ.

Maintenant que nous avons jeté un coup d'œil rapide sur les frais de la Société, il nous faut examiner quelles ont été les affaires entreprises par elle. Quoiqu'elle se soit livrée à des opérations extrèmement importantes, nous ne sachons point qu'elle en ait jamais retiré aucun bénéfice; mais, ce qui est certain, c'est que, sous prétexte de donner quelque avantage aux actionnaires, ceux-ci n'en ont jamais retiré que peines et déboires, par cela même qu'elle avait promis la paix et qu'elle s'est livrée à une foule d'opérations aventureuses et lointaines ; la première de ce genre qui ait été tenté par elle, est l'*expédition de Crimée* qui, entreprise on ne sait pas trop dans quel but, a laissé à la Société un déficit de . . . . fr. 1,000,500,000.

Pour le commencement, il faut avouer que c'était brillant ; aussi lorsque l'administrateur vint rendre compte du résultat de cette opération, les actionnaires, justement émerveillés d'un pareil succès, s'empressèrent de le féliciter.

Encouragé par les nombreuses marques d'adhésion et de sympathie qu'il recevait de toutes parts, M. Bonaparte crut devoir faire participer ses actionnaires à de nouvelles entreprises de ce genre, et c'est dans ce but qu'il fit la *guerre d'Italie*, qui rapporta comme bénéfice à la société, une nouvelle dette de. . . . . fr. 500,000,000.

Ajoutons encore à celà les frais occasionnés par l'*occupation de Rome*, N. S. Père le Pape étant trop pauvre pour payer ceux qui venaient si généreusement le soutenir, soit . . . . fr. 50,000,000.

Cette fois l'enthousiasme fut à son comble; aussi, il ne se passa pas longtemps sans que l'administrateur ne soumit à ses actionnaires de nouveaux projets d'opérations sur un théâtre encore plus lointain. Alors eurent lieu les *expéditions de Chine et de Cochinchine*, puis de *Syrie*.

Dire à quoi elles servirent est une énigme qui n'a pas encore pu être résolue ; mais, ce qu'on n'oublia pas, ce fut, au retour, d'ouvrir le grand livre de la dette publique et d'y inscrire un déficit de. . . . . . . fr. 300,000,000.

Les résultats de ces trois premières affaires auraient dû, ce me semble, dégoûter les actionnaires d'une semblable gestion qui, sous le prétexte d'expédition lointaine, empochait le plus clair de leur argent, et empochait toujours sans jamais rien donner ; mais il n'en fut rien, car, quelques années après, pour remonter soi-disant l'actif de la Société passablement endommagé, on se dirigea encore un peu plus loin et l'on alla chercher fortune au Mexique.

Il y eut bien dans cette affaire quelques actionnaires qui revinrent leurs poches pleines ; mais, outre qu'il n'y en eût que fort peu, les autres se trouvèrent cette fois complètement ruinés, à tel point que le crédit de la maison en fut passablement ébranlé, car les trois-quarts des actionnaires ne purent pas s'expliquer comment, pour mener à bonne fin cette opération, on avait engloutit . . fr. 700,000,000.

Pendant six ans, la maison Bonaparte laissa donc de côté les grandes spéculations et s'occupa tout simplement de faire rentrer ses fonds et de mettre à sec les poches déjà peu garnies de ses actionnaires ; mais, tourmenté par une fièvre incessante d'acquisitions, l'administrateur se mit dans la tête de faire accroire à ses *gobe-mouches* qu'il existait dans le Nord de l'Europe une autre Société rivale qui cherchait à détruire le crédit de la leur. Tous les conseils d'administration furent donc assemblés et tous approuvèrent les nobles intentions de leur gérant, à qui l'on vota publiquement des actions de grâces.

Ce fut donc au milieu d'applaudissements répétés que la société *Bonaparte père et fils* jura haine à mort à la société *Guillaume, Bismarck et Cⁱᵉ.*

On sait quel fut le résultat de cette opération : loin de détruire, elle ne fit qu'accroître l'influence de la maison *Guillaume, Bismarck et C*ᵉ et anéantit complètement le crédit et la puissance de la maison Bonaparte qui, après avoir essuyé coup sur coup plusieurs revers, perdit son chef et fut forcée de fermer *boutique*.

Toutefois ne voulant pas faire naufrage sans laisser quelque souvenir qui pût attester jusqu'au bout de l'intégrité et des brillantes opérations de sa gérance, Bonaparte légua à ses actionnaires, avant de tomber, un léger et dernier déficit de cinq cent millions qui fût contracté dans l'espace d'un mois.

Tel fut le résultat de ces opérations qui, entreprise soi-disant dans le but d'enrichir les actionnaires donnèrent à la Société une perte totale de . . . . . fr. 5,520,000,000.

EMPRUNTS.

Pour couvrir ce déficit, on avait eu naturellement recours, comme nous l'avons dit, à des emprunts partiels ; mais les opérations pour lesquelles ces dits emprunts avaient été contractés, n'ayant pas réussi, les actionnaires se trouvèrent, comme d'habitude, en pure perte, et l'on dut constituer en dette publique de la Société la somme de fr. 5,520,000,000. A ce total, il faut encore ajouter :

1° L'emprunt dit de la paix ;
2° La conversion des rentes trois pour cent ;
3° L'emprunt de la ville de Paris.

Le liquidateur, malgré ses minutieuses recherches, n'a pas encore pu trouver où passa le produit de ces opérations ; aussi se perdant en conjectures, il croit ne pas être trop éloigné de la vérité en affirmant qu'il a dû en rester une bonne partie dans les poches de M. Bonaparte et des autres administrateurs.

Or, les actionnaires savent que ce serait peine perdue que de se mettre à rechercher quoi que ce soit dans ces bas-fonds, qui sont aussi percés que le tonneau des Danaïdes.

La maison *Bonaparte père et fils* emprunta, en effet, une somme de. . . . . fr. 400,000,000 destinée à améliorer par de grands travaux et de grandes réformes la situation de la Société. Toutefois, il est bon de remarquer que pour ce qui est des travaux, il n'en fut point accompli, si ce n'est des châteaux, des maisons de plaisance et autres pour l'administrateur ; quant aux réformes, elles sont toujours restées bien entendu à l'état de projet.

L'emploi de cette somme n'étant donc qu'approximative-ment justifié, il est bien clair et même certain qu'elle a suivi les autres dans le gouffre.

Mais cela ne suffisant point encore pour combler les vides, il fallut recourir à d'autres procédés, tant était grande l'*activité dévorante* des administrateurs.

Sous prétexte de conversion de rentes, on emprunta de nouveau . . . . fr. 150,000,000 qui furent engloutis avec la même habileté et la même pré-cipitation que tant d'autres ; et enfin, comme cela ne pou-vait point encore assouvir les appétits démesurés des admi-nistrateurs, on eût recours à un autre procédé, c'est-à-dire que l'on opéra sur une plus grande échelle.

Ce moyen terme fut de contracter de nouveaux *emprunts dits municipaux*, et c'est ainsi que les dettes de la ville de Paris, pour n'en citer qu'un exemple, furent couvertes par divers emprunts qui se montèrent au chiffre de fr. 2,000,000,000.

Quels pots-de-vin durent se payer, à cette occasion, les administrateurs, je vous le laisse à penser ; mais ce qu'il y a de vraiment joli dans cette affaire, c'est que plus les action-naires étaient dévalisés, plus ils applaudissaient aux esca-motages du gérant, à tel point que lorsqu'il emporta la caisse, il s'en trouva encore pour crier bravo.

Ceci dit, après l'exposé que nous venons de faire des comptes et diverses opérations de la Société, il nous reste à établir sa situation définitive au 4 septembre 1870, époque, comme on sait, de la chute de la Maison. Examinons d'abord le passif, qui est de beaucoup le chapitre le plus intéressant, ainsi que nos lecteurs, du reste, n'ont pas eu de peine à s'en convaincre.

BILAN DE LA SOCIÉTÉ AU 4 SEPTEMBRE 1870.

PASSIF.

1° Frais généraux d'exploitation .   fr. 41,986,468,000.

Cette somme se trouve bien due à la France par la maison Bonaparte, et sans qu'il puisse s'élever la moindre contestation ni le moindre doute à son sujet, car l'administration devait, par contre, comme on sait, fournir aux actionnaires l'équivalent en bonheur et en prospérité.

Or, comme jusqu'à ce jour rien ne nous a prouvé qu'elle ait agi ainsi, et que tout, au contraire, tend à démontrer qu'elle n'a pas rempli ses engagements, on ne saurait la libérer d'une somme aussi importante, sans garanties préalables.

2° Frais occasionnés par les opérations de la maison, ainsi que nous l'avons mentionné plus haut : fr. 5,050,000,000

Soit, en tout, un total général de fr.   46,515,468,000

Passons maintenant à l'actif, si toutefois il peut s'en trouver un. Après bien des recherches, on est parvenu à en constituer l'ombre d'un, en y inscrivant quelques sommes qui, pour une cause ou une autre, ne rentreront jamais dans le fonds social. Bref, le voici tel qu'on est arrivé à l'établir.

ACTIF.

En premier lieu figure une créance de fr. 150,000,000 contre la Société impériale fondée au Mexique en 1864; mais il est probable, pour ne pas dire certain, que les actionnaires n'en retireront jamais rien, car cette Société n'existant plus et son chef ayant été fusillé, à qui s'adresserait-on pour en recouvrer le montant?

La seconde créance est de l'argent prêté au prince Murat, le tout s'élevant à . . . . fr. 81,000

Mais pour cette somme encore, il n'y a guère plus d'espoir qu'elle doive jamais rentrer dans le fonds social, car le prince est criblé de dettes, et en digne parent de la maison Bonaparte, il trouve que c'est un mauvais moyen de s'enrichir que de payer ses dettes.

La troisième créance est encore plus aventurée que les deux premières, si c'est possible, car c'est une avance de 100,000 fr. faite à Pierre Bonaparte pour le paiement des frais du procès de Victor Noir. Or, aucun huissier ne voulant s'exposer à poursuivre *le prince du révolver*, les actionnaires en sont encore pour leur peine. Au total, l'actif ne s'élève donc qu'à la faible somme de . fr. 150,181,000

Et l'on peut établir ainsi qu'il suit la balance des comptes :

Passif, ... fr. 46,415,468,000
Actif, ... fr.   150,181,000

Excédant du passif . . . . fr. 46,268,287,000

En lisant ces chiffres, on est véritablement effrayé de la rapidité avec laquelle la France courait à sa ruine sous ce soi-disant gouvernement d'ordre : 46 milliards 268 millions 287 mille francs de déficit en dix-huit ans; voilà un chiffre qui ne manque pas d'éloquence. Si au moins il pouvait nous servir d'exemple, si bien que le jour où des intrigants, pour satisfaire leur ambition et remplir leur escarcelle, voudraient nous ramener un souverain quelconque, nous puissions rendre ce retour impossible en rappelant au pays les conséquences de la Monarchie.

Comment, en effet, admettre qu'il puisse se trouver des hommes pour venir nous proposer de bonne foi une semblable chose, lorsque les conséquences terribles d'un jour d'oubli sont encore vivantes parmi nous. Et voilà à quoi s'expose un peuple qui n'a pas assez de courage pour rompre une fois pour toutes avec les erreurs du passé. Aussi combien l'expiation a-t-elle été terrible pour nous.

Ne pourrons-nous donc jamais nous passer de ce rouage inutile et coûteux que l'on nomme un monarque. Que de fois nous étions-nous promis qu'il n'y aurait plus rien de commun entre nous et tous les mangeurs de budget ; et toujours ces belles promesses n'ont duré, pour ainsi dire, que l'espace d'un matin.

Que de gens qui, il y a quelque temps seulement célébraient les bienfaits du régime républicain et qui, aujourd'hui, par une inconséquence sans égale, acclameraient avec bonheur le retour d'une Monarchie. Car, notre esprit est ainsi à nous autres Français : aussitôt que nous possédons ce que nous avons demandé et désiré pendant longtemps, il semble que cela doit nous suffire et, au bout de peu de temps, la possession nous devient à charge.

Cela est si vrai que bien des hommes qui, sous le gouvernement de l'Empire, ne cessaient de combattre avec énergie les lois du despotisme et de l'arbitraire et qui réclamaient alors une liberté plus grande, sont les premiers aujourd'hui à se servir des mêmes moyens que, quelque temps auparavant, ils blâmaient et ils flétrissaient de toute leur éloquence.

A ces hommes, nous avons le droit de demander quel est le mobile d'après lequel ils agissent, comment il se fait qu'ils approuvent aujourd'hui ce qu'ils condamnaient hier ;

car, pour celui qui est réellement convaincu, il n'y a qu'une seule manière d'envisager les choses, et la ligne de conduite de tout honnête homme doit être telle qu'il ne saurait, sous peine d'être taxé de mauvaise foi, approuver par la suite ce qu'il a blâmé d'abord avec connaissance de cause.

Souvent on entend dire aux partisans du régime monarchique cette phrase dont ils se servent d'argument pour combattre nos principes : c'est que bien des fois déjà, à plusieurs reprises, nous avons possédé la République et que jamais nous n'avons su la garder. Mais, il est facile de se convaincre de la fausseté de ce raisonnement ; en effet, on peut dire que jusqu'à ce jour, nous n'avons jamais eu, pour ainsi dire une véritable République ; car il ne faut pas confondre République avec Révolution, puisque l'une est une forme de gouvernement, tandis que l'autre s'entend de tout changement qui survient dans l'état de la société.

Or, examinons dans quelles circonstances le peuple s'est trouvé libre de se donner le gouvernement de ses préférences.

En 1789, après un passé de huit siècles de souffrances, il avait trop de haine et de rancunes à venger pour qu'il lui fût possible de ne pas se livrer à une réaction sanglante contre les hommes et les choses de l'ancien régime. Obligé de lutter à la fois à l'intérieur et à l'extérieur, il ne pouvait naturellement jouir en paix du gouvernement républicain.

La Révolution de 1830 n'eût pour but que de faire passer la couronne des Bourbons aux d'Orléans, et, en 1848, peut-être la République aurait pu s'établir si un assassin n'était venu lâchement l'égorger, alors qu'elle était encore au berceau.

Aujourd'hui il n'en est plus de même : la Révolution qui a renversé l'Empire, s'est opérée d'elle-même par la force des choses, et jamais l'occasion n'a été plus propice pour établir définitivement chez nous le régime républicain.

Profitons donc de l'expérience du passé, appliquons-nous à répandre partout l'instruction et le bien-être, à diminuer les impôts, et établissons des lois qui ne puissent plus donner prise à aucun coup de main ; car ce n'est point en frappant les hommes, mais bien en réformant nos Codes que nous assurerons à jamais l'avenir de la République.

Or, République signifie ordre, progrès et bien-être ; tandis que la Monarchie c'est le hideux assemblage de tous les crimes, de toutes les corruptions, et de toutes les misères.

Écoutez plutôt ce que disait à son sujet un écrivain du XVIe siècle, Étienne de la Boëtie, dont le témoignage ne saurait être contesté, dans un ouvrage intitulé *Discours de la servitude volontaire :*

« Comment se peut-il que tant d'hommes, tant de bourgs, tant de villes, tant de nations endurent un tyran, seul, qui n'a puissance que celle qu'on lui donne, qui n'a pouvoir de leur nuire sinon de tant qu'ils ont vouloir de l'endurer ? Quel malheur, ou quel vice de voir un nombre infini, non pas obéir, mais servir ; non pas être gouvernés, mais tyrannisés d'un seul, et non pas d'un Hercule ni d'un Samson, mais d'un seul *hommeau* (petit homme, homme de rien) ; et le plus souvent du plus lâche et féminin de la nation..... Pauvres gens et misérables, peuples insensés, nations opiniâtres en votre mal et aveugles en votre bien ; vous vivez, de sorte que vous pouvez dire que rien n'est à vous... De tant d'indignités que les bêtes même n'endureraient pas, vous pouvez vous délivrer si vous essayez seulement de le vouloir. Soyez résolus de ne servir plus, et vous voilà libres. »

Eh bien ! que nous faut-il aujourd'hui pour conserver la République : simplement le vouloir.

Aussi, si cette fois nous devons encore subir la honte d'une restauration monarchique quelconque, c'est que le peuple français ne veut pas se sauver, puisque, sachant ce qu'il doit faire pour conserver sa liberté, s'il se la laisse enlever de nouveau; c'est que, de son plein gré, il veut absolument se payer la gloire d'un monarque.

*
* *

O France, notre patrie, n'écoute pas les conseils de ces hommes qui cherchent à te perdre; dis leur que tu as rompu avec le passé, et pour rendre désormais leurs crimes impossibles unis-toi pour toujours à la République, et fais un pacte avec la liberté; car c'est de la sorte seulement qu'il te sera possible de répandre dans les masses l'instruction qui leur manque et qui leur est si nécessaire. Si le peuple des campagnes voulait en effet comprendre, comme nous avons essayé de le lui montrer, que tout monarque suppose une cour et qu'une cour se compose de courtisans, c'est-à-dire, véritables chiens à la curée dressés on ne peut mieux au métier très-facile de tendre toujours la main et de vider de même les poches des contribuables, ce jour-là, alors, la République serait définitivement établie parmi nous, car les monarchiens ne trouveraient plus personne à qui conter leurs mensonges.

C'est à notre manque d'instruction seulement, qu'il faut attribuer la multitude de ces naïfs qui, vingt fois déjà pris au piége, sont toujours prêts à s'y faire reprendre ne pouvant pas se figurer que des hommes qui sont incapables de s'accaparer du bien d'autrui, profitent de la confiance qu'on leur accorde par cela même pour voler aux électeurs leur suffrage.

Tenons-nous surtout en garde contre les prétendus républicains, défions-nous de quiconque cherche à dissimuler ses opinions et ne nous arrêtons pas aux récits de ces personnes qui nous représentent certains princes comme *d'honnêtes gens* qui seraient incapables de spéculer sur les misères de notre patrie.

Nous avons été suffisamment payés avec cette monnaie-là pour savoir ce que signifie un pareil langage.

Que chacun donc, avant de déposer son bulletin dans l'urne, songe bien que du résultat qui sera obtenu par le scrutin du 2 juillet dépend, comme nous l'avons déjà dit, le salut ou la perte de la France, car si la République triomphe notre pays se relèvera plus grand que jamais, tandis que si malheureusement la Monarchie l'emportait ce serait à courte échéance la guerre civile, fatale et inévitable.

Pourquoi donc vouloir toujours nous attacher au passé ! Quelle est la force occulte qui nous enchaine, et nous empêche d'obéir aux lois du progrès, en nous précipitant dans l'abîme avec les choses du passé ?

Laissons de côté ce qui est tombé ; car les choses mortes ne doivent point ressusciter lorsqu'elles s'appellent assassinat, misère et honte ; ne cherchons point de nouveaux bouleversements sociaux, et faisons un pacte avec les choses vivantes, afin de pouvoir nous relever de l'état d'affaissement dans lequel nous végétons, afin de guérir nos plaies encore saignantes, et de retremper nos forces émoussées à l'air vivifiant de la liberté.

Poursuivons donc notre chemin vers cet avenir meilleur qui doit nous donner la paix et le repos dont nous avons tant besoin ; ne nous laissons point arrêter par les obstacles que la Monarchie cherche à semer sur nos pas ; soyons unis afin d'échapper à tous ces dangers ; rentrons dans la gloire d'une civilisation plus grande, plus brillante que jamais ; serons-nous tous autour du corps aux trois-quarts mutilé déjà de notre mère commune ; et prouvons enfin à l'Europe que si tout est fragile ici-bas, il y a quelque chose qui ne peut pas et qui ne doit pas périr, quelque chose qui ne capitulera jamais, quelque chose qui est plus rayonnant de beauté, plus resplendissant de lumière que le soleil lui-même, quelque chose, en un mot, qui est un objet infini, semblable à Dieu, et que ce quelque chose, c'est la RÉPUBLIQUE.

Imp. JEVAIN & BOURGEON, rue Mercière, 92, Lyon.

9 782011 764775